Klasse 2-6

A. Wuthcke & W. Mandzel

Der Apostel Paulus

Vom Christenverfolger zum Missionar

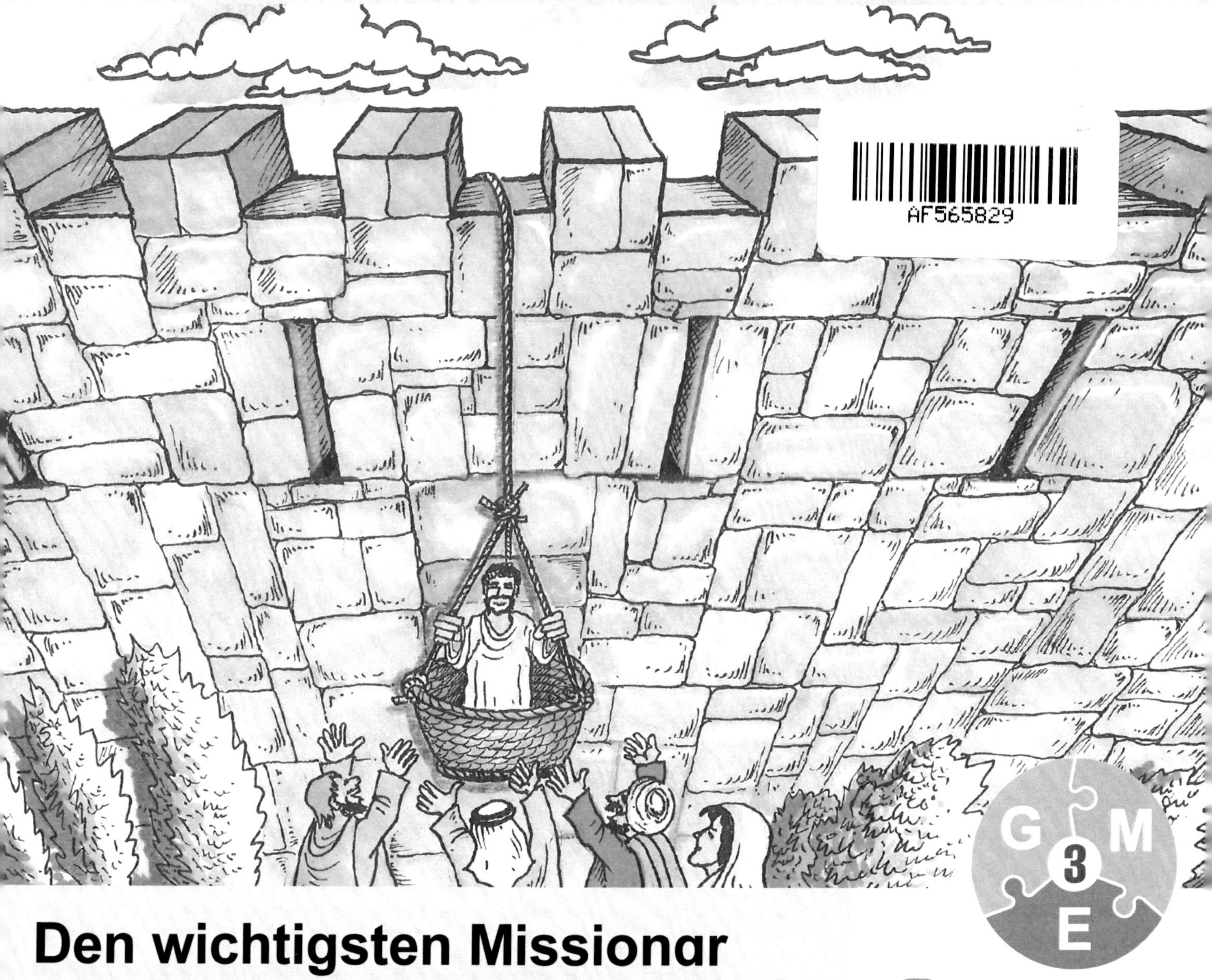

G M 3 E

Den wichtigsten Missionar und Theologen des ersten Jahrhunderts kennenlernen

Der Apostel PAULUS

Vom Christenverfolger zum Missionar

2. Auflage 2025

Inhalt: Anne Wuthcke
Coverbild: © Waldemar Mandzel & volondoff - AdobeStock.com
Zeichnungen: Waldemar Mandzel
Redaktion: Kohl-Verlag
Grafik & Satz: Eva-Maria Noack / Kohl-Verlag
Druck: Druckerei Flock, Köln

Bestell-Nr. 13 066

ISBN: 978-3-98841-145-7

Bildquellen © Adobe Stock: S. 5: Matthias Enter; S. 42: Klaus Eppele
Bildquellen © wikimedia.org: S. 6, 15, 42
Bildquellen © clipart.com: S. 7, 8, 9, 19, 22, 25, 28, 31, 33, 38, 41

Kontakt: Kohl-Verlag, An der Brennerei 37-45, 50170 Kerpen
Tel: +49 2275 331610, Mail: info@kohlverlag.de

Inhalt

Seite

DER APOSTEL PAULUS
Vom Christenverfolger zum Missionar – Bestell-Nr. 13 066
KOHL VERLAG

Vorwort

Liebe Kolleginnen und Kollegen,

der Apostel Paulus war der wichtigste Missionar und Theologe im ersten Jahrhundert.

In seiner Jugend war Paulus ein fanatischer Verfolger der ersten Christen, doch dann begegnete der Auferstandene ihm auf der Straße nach Damaskus, woraufhin Paulus sein Leben radikal änderte.

Nach seiner Umkehr zu Jesus Christus wurde Paulus nicht müde, anderen Menschen, vor allem den sogenannten Heiden, das Evangelium zu verkündigen. Dazu nahm er zahlreiche strapaziöse Reisen auf sich und ließ sich weder durch Verfolgung noch Gefängnisstrafen davon abbringen.

Lukas berichtet in der Apostelgeschichte umfassend vom Leben und Wirken des Paulus und seinen drei Missionsreisen. Außerdem finden wir im Neuen Testament die Briefe des Paulus, in denen er selbst über sein Leben, seine Ziele und Glaubensüberzeugungen spricht.

Dieses Material bietet Ihnen vielfältige und differenzierte Möglichkeiten, mit den Lernenden wichtige Stationen aus dem Leben des Paulus zu erkunden.

Die Text/Bildkarten erleichtern den Schülerinnen und Schülern[1] den Überblick über das Leben des Paulus. Außerdem können damit alle Lerninhalte jederzeit spielerisch vertieft werden. **Einige Spielanleitungen** dazu finden Sie im Anhang.

Beim Lesen der Texte mit verteilten Rollen identifizieren die Lernenden sich mit Paulus und begreifen seine ursprünglichen Intentionen und die Veränderungen, **die er durch die persönliche Begegnung mit dem Auferstandenen Jesus Christus erlebt.**

Mithilfe einer Auswahl der **Rollenspieltexte** kann ein Schul- oder Familiengottesdienst gestaltet werden.

Ältere Schüler können die angegebenen **Bibelstellen** nachschlagen und sich ausführlicher mit den Texten beschäftigen.

Symbole für Differenzierungsmöglichkeiten:

Grundlegendes Niveau	⊙
Mittleres Niveau	!
Erweitertes Niveau	✶

Gutes Gelingen und viel Freude mit dem vorliegenden Material wünschen das Team des Kohl-Verlags, sowie

Anne Wuthcke & Waldemar Mandzel

[1] Aufgrund der besseren Lesbarkeit beschränken wir uns im weiteren Verlauf auf die Bezeichnung Schüler.

1 So ein Durcheinander!

Aufgabe: a) *Sortiere die Buchstaben in die richtige Reihenfolge. Wie heißen die Wörter?*

b) *Alle Begriffe haben mit einer Person zu tun. Ihren Namen findest du unter Nr. 10.*

1. FISCHF	*SCHIFF*
2. TELZ	
3. EISER	
4. NISGÄNGFE	
5. RUMKEH	
6. EIREBF	
7. EILEND	
8. SUSJE	
9. NEBAULG	
10. SULPAU	

Die gesuchte Person heißt:

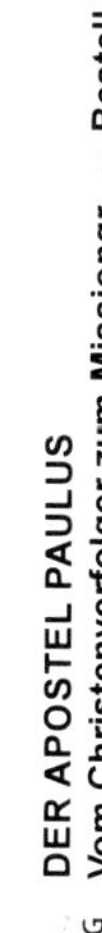

2 Wer war Paulus?

Paulus – Wer ist das?

Paulus war der wichtigste Missionar und Theologe im ersten Jahrhundert. Nach dem Tod und der Auferstehung Jesu hat er vielen Menschen die frohe Botschaft von Jesus Christus verkündigt. Dadurch entstanden rund um das Mittelmeer zahlreiche christliche Gemeinden.
Im Neuen Testament finden wir die Briefe des Paulus, in denen er selbst über sein Leben, seine Ziele und Glaubensüberzeugungen spricht. Dazu kommt der ausführliche Bericht des Lukas in der Apostelgeschichte.
Am Anfang der Apostelgeschichte wird er Saulus genannt. Saulus war Jude und ein Gegner der ersten Christen. Doch dann begegnete ihm Jesus persönlich. Saulus änderte sein Leben. So wurde aus dem erbitterten Verfolger der Christen ein leidenschaftlicher Botschafter Jesu.
Um die Veränderung deutlich zu machen, die mit Saulus geschehen ist, wird er in Beschreibungen seines Lebens nach seiner Umkehr meist Paulus genannt. Das war sein römischer Name, denn Paulus war von Geburt an auch römischer Bürger. Das Land, in dem Saulus lebte, gehörte zum Römischen Weltreich. Heute tragen viele Kirchen den Namen des Apostels Paulus. Paulus wird meist mit einem Schwert dargestellt, auch mit Buch oder Schriftrolle.

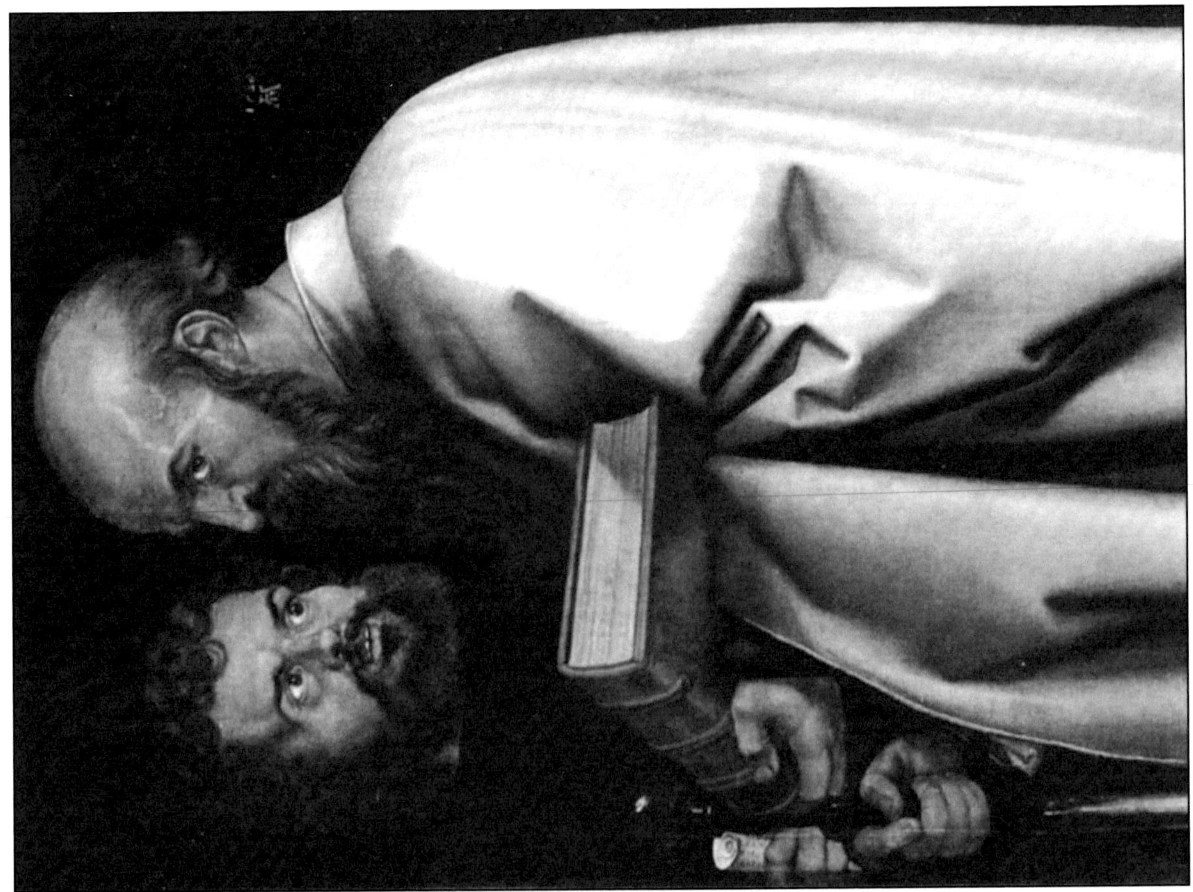

Paulus (rechts im Bild) mit Markus (links)

3 Kindheit und Jugend

Die Geburt von Saulus

Saulus (später Paulus) wurde zu Beginn des 1. Jahrhunderts n. Chr. in Tarsus geboren. Tarsus war die Hauptstadt von Kilikien. Das gehörte damals zum Römischen Reich und befindet sich in der heutigen Türkei.

Zur Zeit der Geburt des Saulus war Tarsus ein Handelszentrum und eine Universitätsstadt. Dort lebten Römer, Juden und Griechen.

Die Familie von Saulus gehörte zu den Juden. Deshalb benannten die Eltern ihren Sohn nach Saul, dem ersten König des Volkes Israel.

Apg 22,3

Saulus wurde in Tarsus geboren.

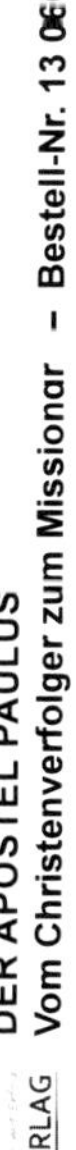

Saulus lebte zur Zeit des Römischen Reiches

Das Land, in dem Saulus lebte, gehörte zum Römischen Weltreich. Saulus war auch römischer Bürger. Sein römischer Name war Paulus. In Apostelgeschichte 22, Vers 28 sagt Paulus: „Ich aber bin schon als römischer Bürger geboren.[2]"

[2] Die Bibel nach Martin Luthers Übersetzung, revidiert 2017, © 2016 Deutsche Bibelgesellschaft, Stuttgart.

Römischer Kaiser

Der Vater von Saulus war Pharisäer

Die Pharisäer kannten sich gut in der Heiligen Schrift aus. Sie verbrachten viel Zeit damit, sie zu studieren. Die Einhaltung der Gebote Gottes (Thora) war ihnen sehr wichtig.

Aufgrund einiger Texte im Alten Testament glaubten die Pharisäer an die Auferstehung der Toten, doch sie erkannten Jesus nicht als den von Gott versprochenen Retter und Gottes Sohn (Messias) an.

Pharisäer

3 Kindheit und Jugend

Saulus lernte viel über die Tradition seiner Väter

Saulus wurde im jüdischen Glauben erzogen und lernte viel darüber. Er bekam auch Unterricht in der Synagoge.

Die Synagogen waren die wichtigsten Versammlungsorte der Juden. Man traf sich dort zum Gottesdienst, zum Gebet und um aus den heiligen Schriften zu lesen und sich darüber zu unterhalten.

In der Synagoge wurden auch die Kinder unterrichtet.

Synagoge

DER APOSTEL PAULUS

Bereits als Kind lernte Saulus verschiedene Sprachen

Saulus fiel das Lernen leicht. Er lernte gern und war ein guter Schüler.

Die Muttersprache von Saulus war Griechisch.
Die Schriftrollen der Thora sind in hebräischer Sprache geschrieben.
Deshalb lernte Paulus schon als Kind Hebräisch.

Wie viele Sprachen er genau sprechen konnte, wissen wir nicht. Auf jeden Fall konnte er sich in seinen Briefen gut ausdrücken und hielt lange Predigten und Vorträge auf seinen Reisen.

Saulus lernte Hebräisch

KOHL VERLAG DER APOSTEL PAULUS Vom Christenverfolger zum Missionar – Bestell-Nr. 13 066

Saulus studiert in Jerusalem

Als Saulus älter wurde, schickten ihn seine Eltern nach Jerusalem. Jerusalem war die Hauptstadt des Landes der Juden. Dort stand auch das wichtigste Heiligtum der Juden, der Tempel.

Heute heißt dieses Land Israel.

Tempel in Jerusalem

Saulus wurde Pharisäer

In Jerusalem studierte Saulus bei Rabbi Gamaliel. Wie sein Vater wurde Saulus ein Pharisäer. Er studierte die Thora.

Es war ihm wichtig, sich an die Gebote Gottes zu halten.

Saulus las in der Thora

KOHL VERLAG DER APOSTEL PAULUS Vom Christenverfolger zum Missionar – Bestell-Nr. 13 066

Saulus erlernte einen Beruf

Auch einen handwerklichen Beruf lernte Saulus. Er wurde Zeltmacher. Die Zelte damals wurden aus Tierhäuten, Ziegenhaaren, Leinen und anderen Materialien hergestellt. Saulus musste dazu viele verschiedene Tätigkeiten erlernen.

Saulus lernte Zeltmacher

4 Hier lebte Saulus/Paulus

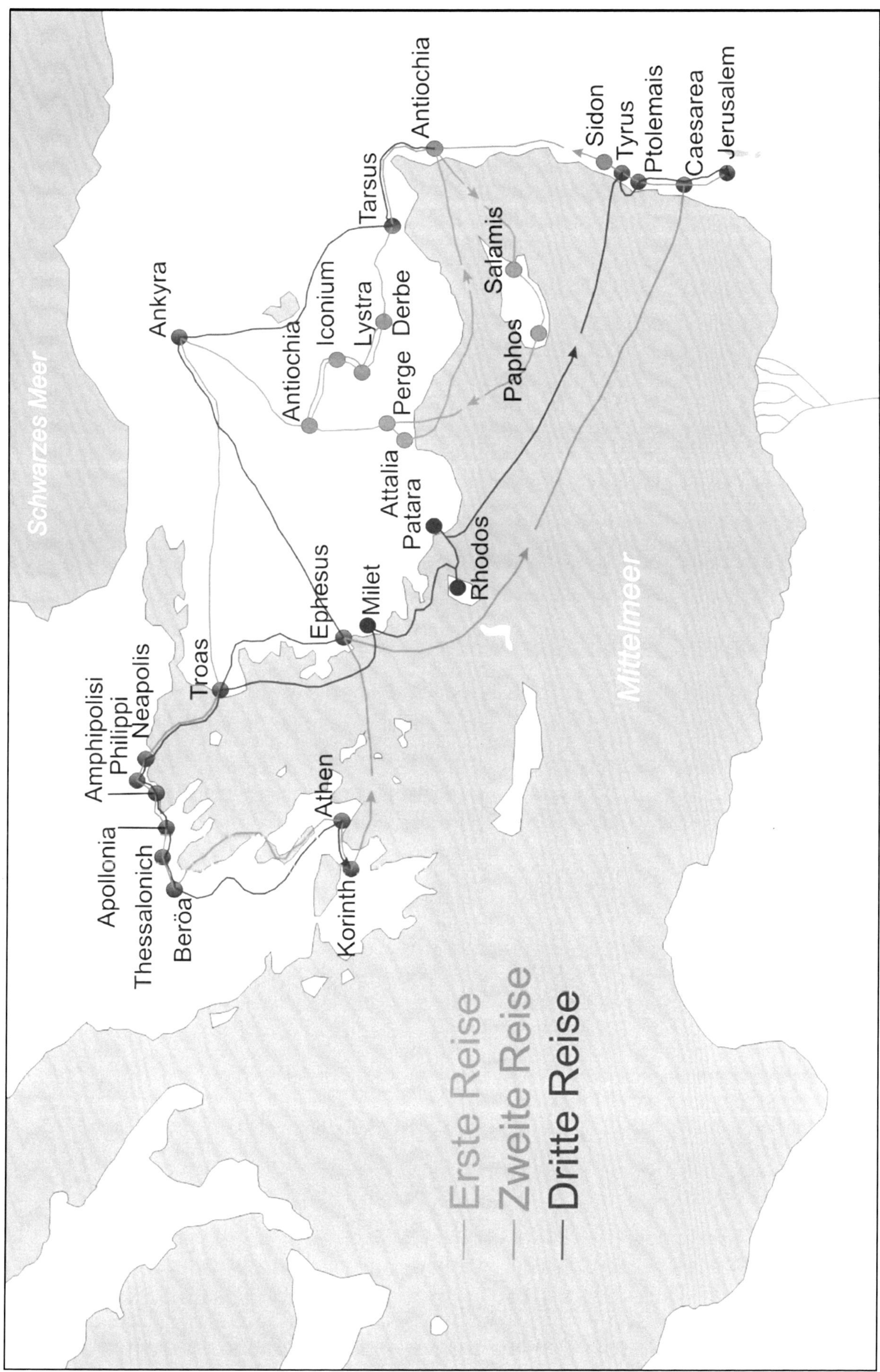

Missionsreisen des Paulus

KOHL VERLAG DER APOSTEL PAULUS Vom Christenverfolger zum Missionar – Bestell-Nr. 13 066

5 Saulus und die ersten Christen

Erzähler: Jerusalem, im Jahr 31 nach Christus.

Nach dem Tod und der Auferstehung Jesu kam an Pfingsten der Heilige Geist zu den Jüngern. Von da an erzählten sie die frohe Botschaft von Jesus weiter. Immer mehr Menschen glaubten an Jesus Christus, den Sohn Gottes und an seine Auferstehung. Sie wollten ganz zu Jesus gehören und ließen sich taufen. So wurden immer mehr Menschen zu Christen.
Saulus aber war ein strenggläubiger Jude, ein Pharisäer. Er glaubte nicht, dass Jesus Gottes Sohn war. Jesus wurde gekreuzigt – der Tod am Kreuz war eine Schande. Niemals würde der Sohn Gottes sich kreuzigen lassen! Im Kreis seiner Freunde schimpfte Saulus über die Christen:

Saulus: Das kann doch nicht wahr sein! Immer mehr Menschen fallen auf die Lügen dieser Jesus-Anhänger herein! Immer mehr glauben, dieser Jesus sei Gottes Sohn.

Jonas: Stimmt! Dabei wurde er doch gekreuzigt, weil er ein Unruhestifter war. Aber sie behaupten, er sei auferstanden.

Saulus: Das sind Lügen! Alles Lügen!

Micha: Sie behaupten, dieser Jesus sei der Messias.

Saulus: Auch das ist Gotteslästerung! Wenn der Messias kommen wird, wird er in Herrlichkeit erscheinen und sein Reich aufrichten. Dieser Jesus war ein Unruhestifter! Und seine Anhänger sind Lügner! Alles was sie behaupten ist Gotteslästerung!

Jonas: Ja, diese Christen sind Gotteslästerer und verstoßen gegen das Gesetz. Sie beleidigen Gott mit ihren Lügen. Wir sollten gegen sie vorgehen!

Micha: Du hast recht. Wir werden den Menschen zeigen, dass sie gegen Gottes Gesetz verstoßen und bestraft werden müssen. Mit harten Strafen müssen wir die Menschen abschrecken, damit sie sich von diesen Lügnern fernhalten.

Saulus: Wir müssen dem Gerede von diesem Jesus ein Ende setzen! Seine Nachfolger müssen wir vernichten und ihre falsche Lehre ausrotten! Im Namen Gottes und der Thora! Wenn wir weiter ruhig dabei zusehen, wie die Lügen über diesen Jesus sich ausbreiten, verstoßen wir gegen die Thora. Und wenn wir gegen die Thora verstoßen, bestraft uns Gott! Wir müssen das Gesetz erfüllen, um jeden Preis müssen wir es erfüllen!

Aufgabe: a) *Lest den Text mit verteilten Rollen.* 

b) *Fasse auf deiner Textkarte mit eigenen Worten zusammen:*

!

1. Woran glauben die Christen?
2. Was tun die Menschen, um zu Jesus zu gehören?
3. Was glaubt Saulus?
4. Warum wollen Saulus und seine Freunde gegen die Christen vorgehen?

5 Saulus und die ersten Christen

Seit dem Pfingstfest kamen viele Menschen zum Glauben an den Auferstandenen und ließen sich taufen

DER APOSTEL PAULUS
Vom Christenverfolger zum Missionar – Bestell-Nr. 13 063
KOHL VERLAG

6 Stephanus und Saulus

Erzähler: Stephanus gehörte zu den ersten Christen. Er war Diakon in Jerusalem und kümmerte sich um arme Menschen, die Hilfe brauchten. Außerdem erzählte er von Gottes Liebe und von Jesus Christus, dem Auferstandenen.

Stephanus: Jesus Christus ist Gottes Sohn. Er war tot. Doch Gott hat ihn auferweckt. Alle, die an ihn glauben, werden ewiges Leben bekommen.

Avram: Du lügst! Hör auf damit!

Stephanus: Jesus Christus ist auferstanden. Das ist die Wahrheit!

Saulus: Das ist Gotteslästerung! Dieser Jesus ist am Kreuz gestorben. Das ist der Beweis, dass er gar nicht Gottes Sohn sein kann. Gottes Sohn – gekreuzigt – das ist undenkbar!

Stephanus: Jesus Christus, der Sohn Gottes, der ohne Schuld war, hat die Strafe für unsere Schuld auf sich genommen. Auch ihr habt das Gesetz Gottes nicht gehalten, das schafft kein Mensch. Zur Vergebung unserer Schuld ist Jesus am Kreuz gestorben, er hat die Strafe auf sich genommen, damit wir leben können. Jesus Christus lebt, er ist der Retter der Welt, der Messias.

Saulus: Halt den Mund, du Lügner! Wenn der Messias kommt, werden wir das wissen! Der Messias wird in Herrlichkeit erscheinen und sein Reich aufrichten.

Stephanus: Jesus ist der Messias, er lebt! Ihr seht es doch selbst – immer mehr Menschen glauben an den Auferstandenen und lassen sich taufen.

Jehu: Halt den Mund, du Aufrührer. Sonst bringen wir dich vor den Hohen Rat!

Stephanus: Wie kann ich aufhören, von der Wahrheit zu reden?

Avram: Das werden wir ja sehen! Los, packt ihn!

Stephanus: Ihr könnt mir meine Worte nicht verbieten. Ich rede von Gott, und Gott ist stärker als ihr Menschen.

Erzähler Sie brachten Stephanus vor den Hohen Rat und erzählten Lügen über ihn.

Micha: Der Kerl ist ein Gotteslästerer. Er behauptet, dieser Jesus sei nicht tot. Er sagt, dieser Jesus wird kommen und unsere heilige Stätte zerstören und alle Gebote ändern, die Mose von Gott bekommen hat.

Avram: Ja! Dieser Stephanus erzählt ständig Dinge, die gegen das Gesetz verstoßen. Er macht die Menschen ganz irre damit.

Hohepriester: Was sagst du dazu, Stephanus? Ist das so?

Erzähler: Stephanus hielt eine lange Rede vor dem Hohen Rat. Alle merkten, wie gut er sich in der Heiligen Schrift, mit der Geschichte Israel und den Geboten Gottes auskannte, denn auch Stephanus war ein Jude. Zunächst hörten die Mitglieder des Hohen Rates ihm zu und wunderten sich. Stephanus strahlte etwas aus, das sie nicht fassen konnten. Es kam ihnen vor, als würde ein Engel vor ihnen stehen. Doch dann wurden sie wütend, vor Wut knirschten sie mit den Zähnen.

6 Stephanus und Saulus

Avram: Was geschieht hier? Bringt diesen Mann zum Schweigen!

Erzähler: Doch Stephanus schaute zum Himmel und sagte:

Stephanus: Jesus lebt! Ich sehe es ganz deutlich! Ich sehe den Himmel offen! Und Jesus, der Sohn Gottes, steht an der rechten Seite Gottes!

Erzähler: Da entstand ein großer Tumult unter den Zuhörern. Sie hielten sich die Ohren zu und schrien laut durcheinander. Dann rannten sie auf Stephanus zu und stießen ihn unter Geschrei zur Stadt hinaus. Auch Saulus war unter den wütenden Männern.

Saulus: Dieser Kerl ist ein Gotteslästerer. Er verdient den Tod!

Erzähler: Auch die anderen schrien auf Stephanus ein. Sie schubsten und stießen ihn, sie umringten ihn und fingen an, Steine aufzuheben. Sie bewarfen Stephanus mit Steinen. Großen Steinen. Schweren Steinen. Immer mehr Steine prasselten auf Stephanus ein. Stephanus fiel auf die Knie und schrie:

Stephanus: Herr Jesus, du bist da! Lass mich zu dir kommen. Nimm meinen Geist auf. Und verzeih diesen Menschen!

Saulus: Jetzt ist er tot! Das ist gut so. Er war ein Gotteslästerer, es war richtig, dass wir ihn zum Schweigen gebracht haben. Und mit den anderen Christen räumen wir auch noch auf. Damit tun wir, was das Gesetz erfordert. Wir werden den Menschen zeigen, dass diese Unruhestifter Lügner sind. Wir müssen Gottes Willen und seine Gebote durchsetzen. Wir müssen diese neue Christengemeinde zerstören!

Erzähler: Viele Christen flohen und zerstreuten sich übers Land. Die Apostel blieben in Jerusalem.

Saulus und seine Leute gingen von Haus zu Haus und schleppten Männer und Frauen, die an Jesus Christus glaubten, ins Gefängnis.

Aufgabe: a) *Lest den Text mit verteilten Rollen.* 

b) *Fasse auf deiner Textkarte mit eigenen Worten zusammen:*

(!)

1. Wer war Stephanus?
2. Warum war Saulus wütend auf Stephanus?
3. Was tun Saulus und seine Freunde, um Stephanus zum Schweigen zu bringen?
4. Was geschieht mit den anderen Christen in Jerusalem?

KOHL VERLAG DER APOSTEL PAULUS Vom Christenverfolger zum Missionar – Bestell-Nr. 13 063

6 Stephanus und Saulus

Stephanus wurde gesteinigt

7 Saulus auf dem Weg nach Damaskus

Erzähler: Nach seiner Auferstehung hatte Jesus sich mehrmals seinen Jüngern gezeigt. Er hatte ihnen den Auftrag gegeben: „Geht nun zu allen Völkern der Welt und macht die Menschen zu meinen Jüngerinnen und Jüngern! Tauft sie im Namen des Vaters und des Sohnes und des Heiligen Geistes, und lehrt sie, alles zu befolgen, was ich euch aufgetragen habe. Und das sollt ihr wissen: Ich bin immer bei euch, jeden Tag, bis zum Ende der Welt.[3]"
Also gingen die ersten Christen in andere Orte und erzählten dort von Jesus und seiner Auferstehung. Außerdem waren etliche Anhänger von Jesus aus Jerusalem vor der Verfolgung geflohen. Auch sie erzählten den anderen Menschen von ihrem Glauben. So hörten viele Leute, auch Nichtjuden, die frohe Botschaft von Jesus Christus. Viele glaubten an den Auferstandenen und ließen sich taufen.

Saulus: Das darf doch nicht wahr sein! Jetzt breitet sich diese Irrlehre auch noch in anderen Orten aus! Das muss aufhören! Sogar in Damaskus soll es eine Gemeinde dieser Jesus-Anhänger geben! Ich muss unbedingt nach Damaskus gehen und diese Aufrührer verhaften und einsperren. Wenn sie nicht aufhören, von diesem Jesus zu reden, werden wir sie töten!

Erzähler: Doch ohne den Auftrag des obersten Gerichts der Juden durfte Saulus niemanden verhaften. Also ging er zum Hohenpriester und ließ sich eine Vollmacht geben. Dann machte er sich mit seinen Begleitern auf den weiten Weg nach Damaskus.

Saulus: Wir werden die Anhänger von diesem Jesus vernichten. Wir verhaften sie und bringen sie nach Jerusalem. Dort bekommen sie ihre Strafe. Sterben werden sie! Sie sind Gotteslästerer und verstoßen gegen die Thora! Diese neue Lehre muss ausgerottet werden!

Erzähler: Von Jerusalem nach Damaskus war es ein weiter Weg, doch Saulus scheute keine Mühe.

Saulus: Für Gott muss man alles geben. Und wenn es sein muss, gehe ich im Namen der Thora bis ans Ende der Welt!

Erzähler: Endlich kamen Saulus und seine Freunde Damaskus näher. Und dann, kurz vor Damaskus, wurde Saulus plötzlich von einem hellen Licht geblendet. Saulus stürzte zu Boden.

Saulus: Was ist das? Ich kann nichts mehr sehen.

Erzähler: Saulus hörte eine Stimme:

Stimme: Saul! Saul! Weshalb verfolgst du mich?

Paulus: Wer ... wer spricht mit mir? Wer bist du?

Stimme: Ich bin Jesus, den du verfolgst.

Paulus: Jesus? Aber wie ... wie kann das sein?

Stimme: Stehe auf, Paulus! Gehe in die Stadt. Dort wird man dir sagen, was du tun sollst!

Erzähler: Die Begleiter von Saulus schauten sich sprachlos um. Was passierte hier?

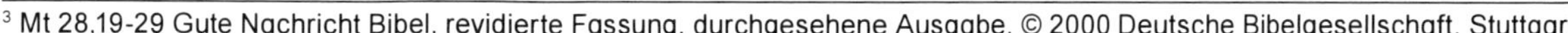

[3] Mt 28,19-29 Gute Nachricht Bibel, revidierte Fassung, durchgesehene Ausgabe, © 2000 Deutsche Bibelgesellschaft, Stuttgart

KOHL VERLAG DER APOSTEL PAULUS Vom Christenverfolger zum Missionar – Bestell-Nr. 13 066

7 Saulus auf dem Weg nach Damaskus

Sie hörten zwar eine Stimme, sahen aber niemanden und verstanden nicht, was mit Saulus geschah.

Saulus: Ich ... ich kann nichts mehr sehen! Ich bin blind! Das ... das war Jesus! Er hat mit mir gesprochen. Ich ... ich muss in die Stadt. Das hat er gesagt. Aber ich sehe nichts! Bitte helft mir! Jesus. Er lebt. Ich ... ich weiß nicht mehr, was richtig und was falsch ist. Ich blicke nicht mehr durch. Ich bin blind.

Erzähler: Saulus wurde von seinen Gefährten nach Damaskus geführt. Drei Tage lang konnte er nichts sehen. Er war zutiefst erschüttert, er aß und trank nichts.

Dieses Erlebnis veränderte das Leben von Saulus grundlegend. Später schrieb er viele Briefe, in denen er diese Begegnung mit Jesus erwähnte.

Auch Lukas berichtete darüber in der Apostelgeschichte.

Aufgabe: a) *Lest den Text mit verteilten Rollen.* 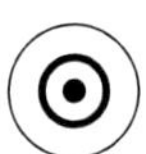

b) *Fasse auf deiner Textkarte mit eigenen Worten zusammen:*

(!) 1. Warum geht Saulus nach Damaskus?

2. Was erlebt er auf dem Weg nach Damaskus?

(★) Schlage die Bibelstellen auf und lies die Texte.

7 Saulus auf dem Weg nach Damaskus

Saulus auf dem Weg nach Damaskus

KOHL VERLAG DER APOSTEL PAULUS Vom Christenverfolger zum Missionar – Bestell-Nr. 13 063

8 Die ersten Christen in Damaskus

Erzähler: Die Christen in Damaskus saßen zusammen und unterhielten sich.

Josua: Jesus hat mir gezeigt, dass er lebt. Er ist am Kreuz für meine Schuld gestorben. Ich weiß nun, dass Gott mir vergeben hat und immer wieder vergibt.

Hananias: Ja, so ist es. Und du hast dich taufen lassen. Die Taufe ist ein Bund, den Gott mit dir geschlossen hat. Du gehörst nun ganz zu Jesus Christus.

Andreas: Ich bin so froh darüber, dass wir uns hier treffen und miteinander reden und beten können!

Josua: Ich auch. Wenn wir über Jesus Christus und über Gott sprechen, stärkt das meinen Glauben. Und wenn wir miteinander Abendmahl feiern, spüre ich, dass der Auferstandene mitten unter uns ist.

Esther: Und ich liebe es, mit euch allen gemeinsam Gott zu loben. Beim Singen zieht die Freude in mein Herz. Das gibt mir Kraft für den Alltag.

Hananias: Und nun lasst uns miteinander in der Heiligen Schrift lesen. Schon lange, bevor Jesus geboren wurde, haben die Propheten sein Kommen angekündigt, Jesaja zum Beispiel schreibt …

Erzähler: Plötzlich platzte ein Bote in die Versammlung.

Bote: Hört mir zu, ich habe eine wichtige Nachricht! Saulus aus Tarsus ist mit seinen Begleitern auf dem Weg nach Damaskus!

Esther: Saulus? Oh nein! Das ist doch der Mann, der in Jerusalem schon viele Anhänger von Jesus ins Gefängnis geschleift hat. Er verfolgt alle, die an den Auferstandenen glauben und soll dabei sehr brutal vorgehen.

Hananias: Saulus aus Tarsus ist einer unserer schlimmsten Feinde. Ich dachte nicht, dass er mit seinen Leuten bis hierher nach Damaskus kommt.

Bote: Er besitzt eine Vollmacht vom Hohenpriester. Er und seine Begleiter wollen alle Anhänger von Jesus gefangen nehmen und nach Jerusalem schleppen. Was das bedeutet, wisst ihr!

Andreas: Man wird uns ins Gefängnis werfen. Dann werden sie uns foltern und töten.

Hananias: Lasst uns beten! Jesus Christus ist da. Er hat versprochen, immer bei uns zu sein. Wenn er es will, kann er uns beschützen.

Erzähler: Die Christen in Damaskus beteten miteinander und machten sich gegenseitig Mut.

8 Die ersten Christen in Damaskus

<u>Aufgabe</u>: a) Lest den Text mit verteilten Rollen.

b) Fasse auf deiner Textkarte mit eigenen Worten zusammen:

1. Was stärkte den Glauben der ersten Christen?
2. Was wussten die Christen in Damaskus von Saulus?

Schlage die Bibelstellen auf und lies die Texte.

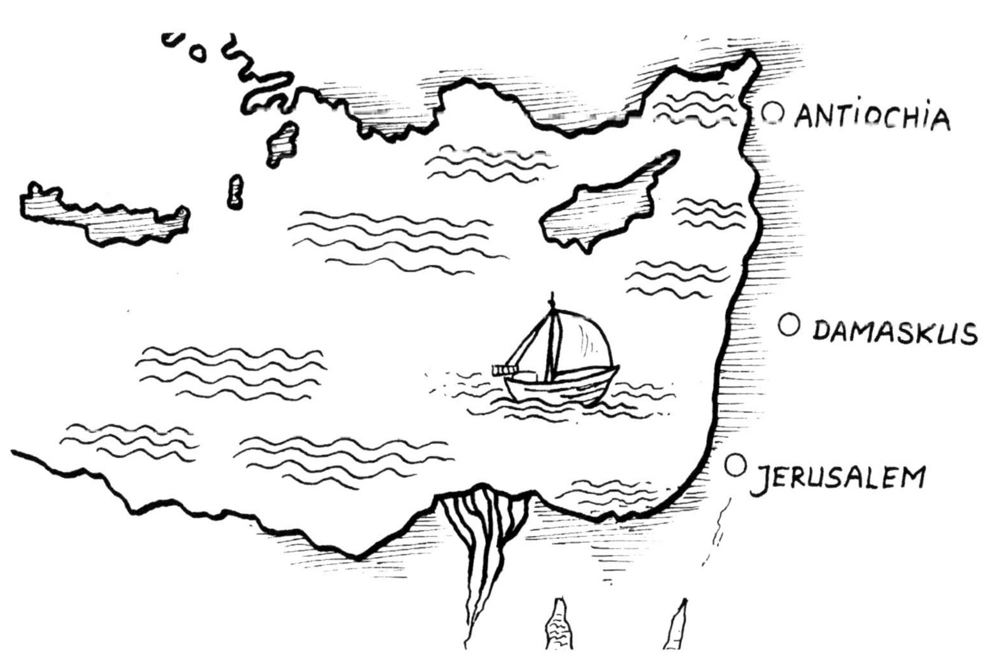

KOHL VERLAG DER APOSTEL PAULUS Vom Christenverfolger zum Missionar – Bestell-Nr. 13 066

8 Die ersten Christen in Damaskus

Die Christen in Damaskus beten zusammen und machen sich Mut

9 Hananias und Saulus

Erzähler: Hananias, einer der Anhänger von Jesus, hatte plötzlich ein besonderes Erlebnis mit Jesus.

Jesus: Hananias!

Hananias: Jesus? Mein Herr!

Jesus: Ja, Hananias.

Hananias: Herr! Hier bin ich.

Jesus: Steh auf, Hananias! Gehe in die Straße, die die Gerade heißt. Geh zu dem Haus des Judas. Frage dort nach Saulus aus Tarsus. Saulus ist in diesem Haus und betet. Er ist blind. Saulus weiß, dass du kommen wirst. Du wirst ihm die Hände auflegen und ihn segnen. Ich habe es ihm gezeigt, dass du kommen wirst, er wartet auf dich. Wenn du ihm die Hände auflegen wirst, wird er wieder sehen können.

Hananias: Was? Zu diesem Saulus aus Tarsus soll ich gehen, Herr? Ich habe schon viel von ihm gehört. Schlimme Dinge habe ich gehört. Er hat deinen Anhängern in Jerusalem viel Böses angetan. Und nun ist er hierher nach Damaskus gekommen. Er hat eine Vollmacht, um alle zu verhaften, die zu dir gehören, Jesus.

Jesus: Geh zu Saulus, Hananias! Ich habe diesen Mann auserwählt. Ab sofort wird er mir dienen. Er wird meinen Namen in die Welt hinaustragen. Durch ihn werden nicht nur die Juden, sondern auch viele andere Völker und ihre Herrscher mich kennenlernen. Ja, Saulus war ein Verfolger meiner Anhänger, er hat damit mich selbst verfolgt. Aber in Zukunft wird er zu mir stehen. Er selbst wird deshalb viel Leid erleben, aber ich gebe ihm Kraft. Viele Menschen werden durch ihn zum Glauben kommen.

Erzähler: Hananias konnte nicht fassen, was Jesus sagte. Dennoch machte er sich auf den Weg. Er ging in die Straße, die die Gerade hieß, zum Haus des Judas. Mit klopfendem Herzen fragte er nach Saulus.

Saulus erwartete ihn schon.

Paulus: Hananias, du bist gekommen! Jesus hat mir gesagt, dass ich hier warten soll. Jesus lebt, das weiß ich jetzt. Ich habe gebetet, dabei hatte ich eine Erscheinung. Ich habe einen Mann namens Hananias gesehen, der zu mir kommt und mir die Hände auflegt. Ich bin blind, aber Jesus wird mich wieder sehend machen. Jesus, den ich für einen Lügner hielt – er lebt!

KOHL VERLAG DER APOSTEL PAULUS Vom Christenverfolger zum Missionar – Bestell-Nr. 13 066

9 Hananias und Saulus

Hananias: Ja, Saulus, Jesus lebt. Ich bin so glücklich, dass du das nun endlich auch weißt.

Erzähler: Hananias ging auf Saulus zu und legt ihm die Hände auf.

Hananias: Saulus – mein Bruder! Jesus hat mich zu dir geschickt. Jesus, der Auferstandene, der dir auf dem Weg hierher nach Damaskus erschienen ist. Du sollst wieder sehen können. Der Heilige Geist soll dich erfüllen. Der Heilige Geist wird dich im Glauben an Jesus Christus stark machen. Er wird dir die richtigen Worte schenken, damit du in Zukunft die Frohe Botschaft der Auferstehung Jesu weitersagen kannst. Jesus selbst hat dich auserwählt – das hat er mir gesagt.

Paulus: Ich … ich kann wieder sehen! Jesus ist da, er lebt!

Oh Jesus, bisher habe ich alles falsch gemacht. Bitte verzeih mir, Jesus! Bitte vergib mir meine Schuld. Ich habe gegen dich gearbeitet, ich konnte nicht glauben, dass du auferstanden bist. Ich bereue zutiefst, was ich deinen Nachfolgern angetan habe. Ach, wenn ich das doch wieder gut machen könnte! Ich kann nicht begreifen, dass du gerade mich erwählt hast. Du bist mir begegnet, Jesus! Von nun an will ich dir mit all meiner Kraft dienen!

Erzähler: Dann wandte Saulus sich an Hananias:

Paulus: Danke, dass du gekommen bist, lieber Bruder! Ich will nun ganz zu Jesus und zu eurer Gemeinde gehören. Ich will mich taufen lassen.

Erzähler: Der erbitterte Gegner der Anhänger Jesu war nun selbst Christ geworden. Nach seiner radikalen Umkehr wurde er Paulus genannt, das war sein römischer Name.

Aufgabe: a) *Lest den Text mit verteilten Rollen.* 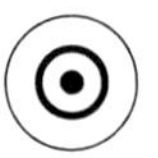

(!) b) *Fasse auf deiner Textkarte mit eigenen Worten zusammen, was Hananias erlebt.*

(★) Schlage die Bibelstelle auf und lies die Texte.

9 Hananias und Saulus

Hananias bei Saulus

DER APOSTEL PAULUS
Vom Christenverfolger zum Missionar – Bestell-Nr. 13 066
KOHL VERLAG

10 Paulus in Damaskus

Erzähler: Nachdem Paulus wieder sehen konnte, stand er auf, ließ sich taufen und blieb bei den Christen in Damaskus.
Drei Tage war er blind gewesen und hatte die ganze Zeit über nichts gegessen, jetzt aß und trank er wieder. Sobald er neue Kraft bekam, ging er in die Synagoge, wo sich auch seine Freunde zum Gottesdienst trafen. Sofort begann er zu predigen:

Paulus: Liebe Brüder, hört, was ich euch zu sagen habe! Jesus ist nicht tot, er lebt! Jesus ist Gottes Sohn, er ist für unsere Schuld am Kreuz gestorben. Nach seinem Tod hat Gott ihn auferweckt. Jesus ist auferstanden, er lebt! Er ist der Christus, der Messias, auf den wir schon so lange warten.

1. Schriftgelehrter: Ist das nicht Saulus aus Tarsus? Er spricht wie einer von diesen Gotteslästerern!

Pharisäer: Ja, das ist Saulus. Er ist ein Pharisäer wie ich. Er ist mit einer Vollmacht des Hohenpriesters aus Jerusalem gekommen, um die Anhänger dieser neuen Sekte zu verhaften. Doch jetzt spricht er, als gehörte er zu diesem Jesus. Ich verstehe nicht, was mit ihm passiert ist.

2. Schriftgelehrter: Schweig still Saulus von Tarsus! Wie kannst du so reden? Bist du von Sinnen? Du weißt doch, dieser Jesus kann kein Sohn Gottes sein. Dieser Jesus war ein Aufrührer, der am Kreuz hingerichtet wurde. Wenn der Messias kommt, wird er in Herrlichkeit erscheinen. Der Sohn Gottes wird nie und nimmer am Kreuz sterben! Gott ist viel mächtiger als die Menschen. Niemals werden Menschen die Macht bekommen, den Sohn Gottes hinzurichten!

Paulus: Ich verstehe euch, liebe Brüder. Wie ihr wisst, kenne ich mich in der Thora bestens aus. Und ihr habt Recht – ich bin hierher gekommen, um die Anhänger des Jesus von Nazareth zu verhaften und nach Jerusalem zu schleppen. Ja, ich war einer der schlimmsten Feinde dieses Jesus aus Nazareth und seiner Anhänger. Doch nun weiß ich, dass dieser Jesus aus Nazareth lebt. Er ist der Christus, der Messias. Gott hat ihn auferweckt, damit auch wir leben können. Der Auferstandene ist hier, er ist mitten unter uns. Er hat zu mir gesprochen, als ich auf der Straße hierher unterwegs war. Mein Leben hat sich verändert, ich hatte das falsche Ziel vor Augen, doch nun bin ich bekehrt.

10 Paulus in Damaskus

Erzähler:	Nun berichtete Paulus ausführlich von seinem Erlebnis auf dem Weg nach Damaskus. Jesus half Paulus, die richtigen Worte zu finden. Er konnte anhand der Heiligen Schriften nachweisen, dass Jesus der von Gott versprochene Retter ist. Die Schriftgelehrten und Pharisäer fühlten sich in die Enge getrieben.
3. Schriftgelehrter:	Das sind alles Lügen! Wie kann er so etwas sagen? Der ist wohl verrückt geworden! Er lästert Gott!
Pharisäer:	Dieser Mann ist untragbar für uns! Er kommt hierher und bringt alles durcheinander. Er muss weg!
1. Schriftgelehrter:	Eine Schande ist das! Saulus gehört nicht mehr zu uns. Wir müssen etwas gegen ihn unternehmen.
Avram:	Er war unser Freund. Doch nun spricht und handelt er gegen seine früheren Überzeugungen.
Micha:	Was er sagt, ist gegen das Gesetz. Er gehört nicht mehr zu uns.
Avram:	Wie kann sich jemand wie Saulus so radikal ändern?

Aufgabe: a) *Lest den Text mit verteilten Rollen.* 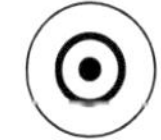

(!) b) *Fasse auf deiner Textkarte mit eigenen Worten zusammen:*

1. Welche Konsequenzen zog Paulus aus seiner Begegnung mit dem Auferstandenen?
2. Wie trat er seinen ehemaligen Gefährten, den Pharisäern und Schriftgelehrten gegenüber?
3. Wie reagierten die Schriftgelehrten und Pharisäer darauf?

(✶) Schlage die Bibelstelle auf und lies die Texte.

10 Paulus in Damaskus

Die ehemaligen Freunde von Paulus regten sich über seine Worte auf

11 Paulus muss aus Damaskus fliehen

Paulus musste aus Damaskus fliehen

Paulus hörte nicht auf, in Damaskus von Jesus Christus zu erzählen. Die Pharisäer und Schriftgelehrten fühlten sich in die Enge getrieben. Schließlich trafen sie sich zu einer Beratung und entschieden: „Paulus muss weg. Wir werden ihn töten!"
Doch die Christen und Paulus erfuhren von diesem Plan. „Du musst fliehen!", sagten die Christen zu Paulus. „Geh fort von Damaskus! Erzähle an anderen Orten von Jesus Christus." Aber wie sollte Paulus das anstellen? Seine Feinde suchten nach ihm. Tag und Nacht ließen sie die Tore der Stadt bewachen. Da hatten die Christen eine Idee. Sie holten einen großen Korb und befestigten Seile daran. In der Nacht stiegen sie heimlich mit Paulus die Stadtmauer hinauf zu einer Öffnung, die wie ein Fenster war. Dann setzte Paulus sich in den Korb. Sachte seilten seine Freunde den Korb mit Paulus auf der anderen Seite der Stadtmauer ab. So konnte Paulus aus Damaskus fliehen.

Den Bericht des Lukas über die Flucht von Paulus aus Damaskus kannst du hier nachlesen:

Später berichtet Paulus selbst in seinem Brief an die Korinther davon:

Paulus floh aus Damaskus

12 Paulus verfolgt sein neues Ziel

Hier ist einiges durcheinandergeraten!

Aufgabe:
a) *Schneide die einzelnen Textfelder und die Bildkärtchen aus.*
b) *Ordne die Textkarten den passenden Bildkarten zu.*
c) *Wen traf Paulus in Jerusalem?*
d) *Wie reiste Paulus?*

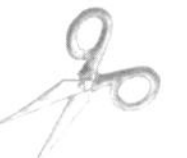

1. Mit aller Kraft setzte Paulus sich für sein neues Ziel ein. Überall, wo er hinkam, erzählte er von Jesus Christus.	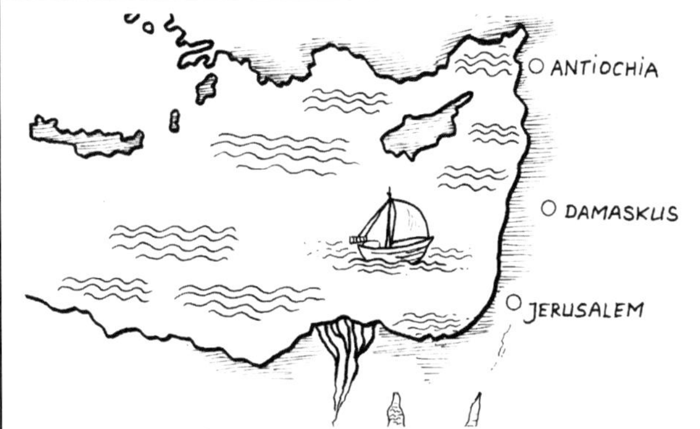
2. Paulus erzählte an vielen Orten von Jesus, zum Beispiel in Damaskus, in Jerusalem und in Antiochia.	
3. In Jerusalem traf Paulus die Apostel Petrus und Jakobus und lernte Barnabas kennen. Barnabas begleitet ihn später auf einigen Reisen.	
4. Das große Ziel des Paulus war: Alle Völker sollen Jesus Christus kennenlernen. Deshalb unternahm er viele Reisen. Damals gab es noch nicht so viele Verkehrsmittel. Paulus war oft zu Fuß unterwegs.	

12 Paulus verfolgt sein neues Ziel

Hier ist einiges durcheinandergeraten!

5. Alle Völker sollten von der Auferstehung Jesu erfahren. Doch so weit konnte Paulus nicht zu Fuß gehen. Deshalb reiste er mit dem Schiff über das Meer.	
6. Paulus hatte auf seinen Reisen verschiedene Begleiter, zum Beispiel Barnabas, Silas und Timotheus	
7. Auf seinen Reisen gründete Paulus viele neue Gemeinden. An einige von ihnen schrieb er später Briefe.	
8. Viele Menschen hörten Paulus zu, kamen zum Glauben an Jesus Christus und ließen sich taufen. So breitete sich die gute Nachricht von der Auferstehung Jesu aus.	

DER APOSTEL PAULUS
Vom Christenverfolger zum Missionar – Bestell-Nr. 13 066
KOHL VERLAG

13 Paulus in Philippi – Die erste Gemeinde in Europa

Nach seiner Umkehr reiste Paulus viel umher. Er wollte nun allen Menschen die frohe Botschaft von Jesus Christus weitersagen. So kam er auch nach Europa.

Erzähler: Paulus war mit Silas unterwegs in Kleinasien. Es ist Nacht. Plötzlich hat Paulus eine Erscheinung. Er sieht einen Mann und hört dessen Stimme:

Mann: Paulus! Komm nach Mazedonien und hilf uns!

Erzähler: Sofort erzählt Paulus seinem Begleiter Silas davon.

Paulus: Lass uns mit dem Schiff nach Mazedonien fahren. Auch dort sollen die Menschen die gute Nachricht von Jesus erfahren.

Silas: Was? Nach Mazedonien willst du? Das liegt in Europa. Da waren wir noch nie! Aber wenn Gott uns dahin ruft, wollen wir hinfahren.

Erzähler: Also suchen Paulus und Silas ein Schiff, das sie übers Meer bringt. Endlich legt das Schiff im Hafen an. Paulus und Silas laufen einige Kilometer auf einer befestigten Straße. Schließlich sehen sie die Mauern einer größeren Stadt. Durch das Stadttor betreten sie Philippi[4] und schauen sich um.

Silas: Das ist aber eine tolle Stadt. Die Häuser haben starke Mauern – und einen Markt gibt es auch. Und schau mal Paulus, da ist ein Theater!

Paulus: Hm, das sehe ich. Man merkt deutlich, dass auch hier die Römer das Sagen haben. Lass uns schauen, ob wir hier einige jüdische Geschwister finden. Vielleicht gibt es ja irgendwo eine Synagoge.

Silas: Bisher habe ich keine gesehen. Es gibt Heiligtümer für ägyptische Götter, griechische Götter, und römische Götter – aber eine Synagoge scheint es nicht zu geben. Ob es hier überhaupt Leute gibt, die unseren Gott kennen?

Erzähler: Als sie in Philippi weiter nach Menschen mit jüdischem Glauben suchen, erfahren Paulus und Silas, dass sich einige von ihnen manchmal vor der Stadt an einem Fluss treffen. Am Sabbat beschließt Paulus:

Paulus: Heute ist der heilige Feiertag der Juden. Lass uns aus der Stadt hinausgehen, zum Fluss. Vielleicht treffen sie sich heute dort, um in Ruhe Gottesdienst zu feiern.

Erzähler: Als sie an den Fluss kommen, sehen sie eine Gruppe von Frauen, die gemeinsam singen und beten. Paulus und Silas setzen sich zu ihnen. Nach dem Gottesdienst kommen sie mit den Frauen ins Gespräch. Schließlich fängt Paulus an, ihnen von Jesus Christus zu erzählen:

[4] Heute heißt das Land, in dem Philippi liegt, Griechenland.

13 Paulus in Philippi – Die erste Gemeinde in Europa

Paulus:	Wir sind Juden wie ihr. Wir glauben an den allmächtigen Gott, den Gott unserer Väter Abraham, Isaak und Jakobs. Unser Gott ist der alleinige Gott. Er hat seinen Sohn, Jesus Christus, auf die Erde geschickt. Jesus ist ein Mensch geworden wie wir – aber er war auch Gottes Sohn und damit ohne Sünde.[5] Dieser Jesus hat die Strafe für die Schuld der Menschen auf sich genommen, er hat gelitten und ist gestorben. Am dritten Tag hat Gott ihn auferweckt. Jesus hat dies alles für uns getan, damit wir frei von unserer Schuld werden und ewige Gemeinschaft mit Gott haben können.
Erzähler:	Interessiert hören die Frauen Paulus zu. Eine von ihnen heißt Lydia. Lydia ist Purpurhändlerin, sie handelt mit gefärbten Produkten, zum Beispiel Wolle und Stoffe. Lydia wendet sich an Paulus:
Lydia:	Du sagst, dieser Jesus sei auferstanden?
Paulus:	Ja, da bin ich mir sicher. Nach seiner Auferstehung hat er sich zahlreichen Menschen gezeigt. Auch mir ist er erschienen, obwohl ich einer seiner schlimmsten Gegner war.
Erzähler:	Paulus erzählt, wie er zunächst die Christen verfolgt hat, weil er glaubte, sie seien eine Sekte, die Lügen verbreitet, dann aber durch die Begegnung mit Jesus selbst zur Überzeugung gelangte, dass Jesus lebt.
Paulus:	Meine Schuld war so groß, doch Jesus hat mir vergeben. Und er hat mir den Auftrag gegeben, die gute Nachricht von seiner Auferstehung und der Vergebung der Sünden zu allen Völkern zu bringen. Deshalb sind wir hier. Deshalb werden wir nie aufhören, von Jesus zu reden.
Lydia:	Dieser Jesus ist also für die Schuld aller Menschen gestorben? Auch für mich?
Paulus:	Ja, so ist es.
Erzähler:	Noch lange spricht Lydia mit Paulus und Silas. Schließlich entscheidet sie:
Lydia:	Ich möchte auch zu Jesus gehören. Ich möchte, dass ihr mich tauft.
Paulus:	Gerne taufen wir dich. Dich und alle, die ihre Schuld bekennen und an Jesus Christus und das ewige Leben glauben.
Erzähler:	Schließlich wird Lydia mit allen, die in ihrem Haus wohnen, im Fluss getauft. Damit ist Lydia die erste Christin in Europa.
Lydia:	Und nun kommt und seid meine Gäste. Mein Haus steht euch offen.

5 In Anlehnung an die Beschreibung der Verkündigung des Paulus in der Apg. und seinen Briefen.

KOHL VERLAG DER APOSTEL PAULUS Vom Christenverfolger zum Missionar – Bestell-Nr. 13 066

13 Paulus in Philippi – Die erste Gemeinde in Europa

Erzähler: So wird das Haus der Lydia zum Treffpunkt der Christen. Nach und nach kommen in Philippi noch mehr Menschen zum Glauben an Jesus Christus. Damit entsteht in Philippi die erste christliche Gemeinde Europas.

__Aufgabe__: a) *Lest den Text mit verteilten Rollen.*

b) *Fasse mit deinen Worten zusammen, wie es zur Gründung der ersten christlichen Gemeinde in Europa kam.*

Schlage die Bibelstelle auf und lies die Texte.

In Philippi entstand die erste christliche Gemeinde in Europa.

13 Paulus in Philippi – Die erste Gemeinde in Europa

Die Purpurhändlerin Lydia kam zum Glauben und ließ sich taufen

DER APOSTEL PAULUS
Vom Christenverfolger zum Missionar – Bestell-Nr. 13 066
KOHL VERLAG

14 Paulus schreibt über seine Erlebnisse

Während Paulus unterwegs war, erlebte er viel Gutes. Viele Menschen kamen zum Glauben an Jesus Christus und ließen sich taufen. Überall entstanden neue Gemeinden. Er fand neue Freunde. Doch nicht immer ging alles glatt. Manchmal war sein Leben in großer Gefahr. In seinem 2. Brief an die Korinther beschrieb Paulus, was er alles aushalten musste. Leider ist hier wieder etwas durcheinandergeraten.

Aufgabe: a) *Schneide alle Kärtchen aus.*
b) *Ordne jeden Text der passenden Bildkarte zu.*

1. Auf seinen Reisen von Ort zu Ort geriet Paulus in Gefahr durch Räuber.	
2. Oft hungerte er, hatte nichts zu trinken und keine warme Kleidung.	
3. Paulus wurde öfter geschlagen.	
4. Einmal wurde Paulus gesteinigt. Seine Gegner schleiften ihn aus der Stadt und dachten, er wäre gestorben.	

14 Paulus schreibt über seine Erlebnisse

Lies dazu:

2.Kor 11, 23 - 27/32 - 33

Apg 14,19

Apg 21,27ff

Apg 27, 13 - 44

Apg 28, 11 - 31

5. Dreimal erlitt Paulus Schiffbruch. Oft schwebte er in Lebensgefahr.	
6. Paulus war mehrmals im Gefängnis.	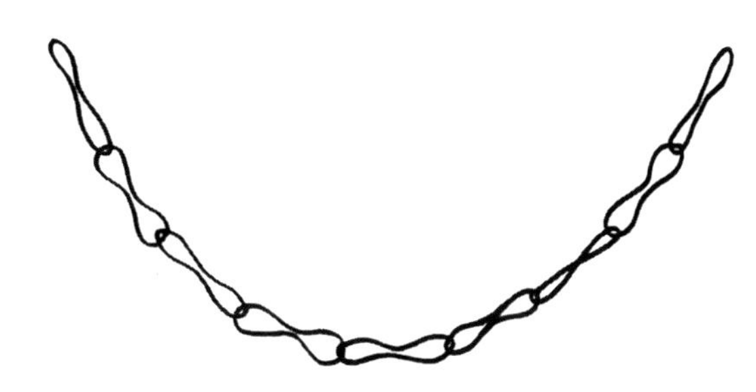
7. Selbst im Gefängnis lobte er Gott. Er betete für viele Menschen und die neu entstandenen Gemeinden. Und er schrieb Briefe. Einige finden wir in der Bibel.	
8. Schließlich wurde Paulus nach Rom überführt. Zwei Jahre lebte er in Gefangenschaft. Vermutlich wurde Paulus um das Jahr 60 unter Kaiser Nero in Rom hingerichtet.	

KOHL VERLAG DER APOSTEL PAULUS Vom Christenverfolger zum Missionar – Bestell-Nr. 13 066

15 Was ist ein Apostel?

Die Jünger Jesu nennt man auch **Apostel**. Apostel kommt aus dem Griechischen und bedeutet Gesandter, Abgesandter oder Sendbote. Ein Sendbote wird von jemandem ausgesandt, um einen Auftrag zu erledigen oder eine Nachricht zu überbringen.

Die Jünger bekamen von Jesus den Auftrag: „Geht in alle Welt. Erzählt allen Menschen die frohe Botschaft. Sagt ihnen: Gott hat euch lieb. Er hat Jesus Christus, seinen Sohn auf die Erde gesandt. Gottes Sohn wurde Mensch, um allen Menschen Gottes Liebe zu zeigen. Jesus Christus hat durch seinen Tod am Kreuz die Strafe für die Schuld der Menschen auf sich genommen. Er ist gestorben, aber Gott hat ihn auferweckt. Jesus ist auferstanden, er lebt. Jesus Christus ist immer bei euch, an allen Tagen, bis zum Ende der Zeit und bis ans Ende der Welt. Alle Menschen, die an Jesus glauben und sich taufen lassen, gehören zu Gottes neuer Welt und werden ewiges Leben haben." (Mt 28, 18 – 20; Mk 16,15; Jh 3,16)
Neben den Jüngern Jesu werden auch Menschen Apostel genannt, die vom Auferstandenen Jesus Christus den Auftrag bekamen, die frohe Botschaft weiterzusagen. Deshalb wird auch Paulus später Apostel genannt.

Der Apostel Paulus

In und an vielen Kirchen finden wir Darstellungen vom Apostel Paulus.

KOHL VERLAG DER APOSTEL PAULUS

Didaktische Hinweise, Erläuterungen und Lösungen

Lösungen

1 So ein Durcheinander!

1. FISCHF	***SCHIFF***
2. TELZ	ZELT
3. EISER	REISE
4. NISGÄNGFE	GEFÄNGNIS
5. RUMKEH	UMKEHR
6. EIREBF	BRIEFE
7. EILEND	LEIDEN
8. SUSJE	JESUS
9. NEBAULG	GLAUBEN
10. SULPAU	PAULUS

2 Wer war Paulus?

Für die Arbeit mit den Bild- und Textkarten gibt es mehrere Möglichkeiten. 

1. Die Lernenden erstellen sich eine Kartei zum Leben des Paulus.

Aufgabe:

a) Schneide die Bild- und Textkärtchen aus.

b) Ordne jeden Text der passenden Bildkarte zu.

c) Kontrolliere deine Ergebnisse.

d) Klebe den Text auf die Rückseite des passenden Bildes.

e) Ordne die Karten in der richtigen Reihenfolge.

Zur besseren Haltbarkeit können die so entstanden Karteikarten laminiert werden.

Alternative: Die Lernenden gestalten ein Leporello oder ein Büchlein, das sie durch eigene Einträge ergänzen.

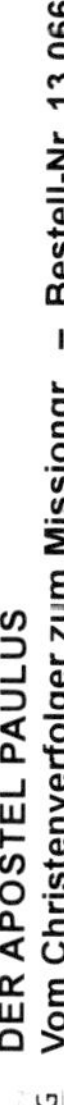

2 Wer war Paulus?

2. Aus Texten und Bildern werden einzelne Karten erstellt und können so für zahlreiche Spiele zur Vertiefung genutzt werden.

Dazu verstärken die Lernenden jeden Text und jedes Bild einzeln auf festen Karton oder laminieren die so entstandene Karte.

Spielanleitungen

Die Karten liegen offen auf dem Fußboden. Die Spieler bewegen sich um die Karten herum. Sobald der Spielleiter oder die Lehrkraft in die Hände klatscht, bleiben alle stehen. Ein Spieler wird bestimmt, der eine Textkarte aufnimmt und vorliest. Wer als Erster die dazu passende Bildkarte aufgenommen hat, darf diese behalten. Am Ende zählt jeder seine Karten. Wer die meisten hat, hat gewonnen.

Ein Spieler nimmt eine Textkarte auf. Beim Vorlesen baut er absichtlich einen oder mehrere Fehler ein. Wer den oder die Fehler herausfindet, darf als nächster eine Karte aufnehmen.

Die Spieler sitzen im Kreis. Die Karten liegen auf einem verdeckten Stapel. Ein Spieler zieht die oberste Karte und sagt einen Satz zu seiner Karte, ohne damit gleich zu viel zu verraten. Die anderen Spieler versuchen zu erraten, welche Karte er gezogen hat. Wenn es niemand herausbekommt, darf er einen weiteren Satz dazu sagen.

Für dieses Spiel wird eine leere Flasche benötigt. Die Spieler sitzen im Kreis, die Flasche befindet sich in der Mitte. Alle Bildkarten liegen verdeckt auf einem Stapel. Ein Spieler dreht die Flasche. Derjenige, auf den nach Stillstand der Flaschenhals zeigt, deckt die obere Bildkarte auf und fasst zusammen, wovon das Bild erzählt. Wenn es ihm gelingt, bekommt er einen Punkt und darf nun selbst die Flasche drehen.

Jeder Spieler zieht eine Karte mit Text oder Bild. Anschließend verteilen sich alle im Raum. Auf ein Signal hin versucht jeder den Partner zu finden, der die passende Ergänzung zur eigenen Karte hat.
Welche Partner finden sich zuerst?

Die Schüler finden sich in Gruppen von zwei bis acht Spielern zusammen.
Jede Gruppe erhält einen Satz Text- und Bildkarten. Alle Karten werden verdeckt auf den Tisch gelegt. Der erste Spieler deckt zwei Karten auf. Passt der Text zum Bild, darf er das Paar behalten. Wenn die Karten nicht zusammenpassen, müssen sie wieder verdeckt abgelegt werden. Wer hat am Ende des Spiels die meisten Kartenpaare?

Es finden sich zwei Schüler zusammen, die eine Textkarte ziehen.
Alle anderen Schüler sind die Detektive, die sich langsam an die Wahrheit herantasten. Die Detektive dürfen Fragen stellen, ohne jedoch sofort einen Tipp abzugeben.
Jede Frage kann nur mit Ja oder Nein beantwortet werden.
Beispiel: Hat eure Karte etwas mit der Kindheit von Paulus zu tun?
Wer vorschnell eine falsche Lösung nennt, scheidet aus. Wurde die richtige Karte erraten, lesen die beiden Schüler den Text vor. Derjenige, der den entscheidenden Tipp abgegeben hat, sucht sich einen Partner und wählt die nächste Karte aus, die erraten werden muss.

2 Wer war Paulus?

2. Aus Texten und Bildern werden einzelne Karten erstellt und können so für zahlreiche Spiele zur Vertiefung genutzt werden.

Dazu verstärken die Lernenden jeden Text und jedes Bild einzeln auf festen Karton oder laminieren die so entstandene Karte.

Gruppenwettstreit – Wer findet zuerst die richtige Antwort?

Spielanleitung

- Legen Sie die Bildkarten (je eine) auf einen Tisch.
- Teilen Sie die Schüler in zwei oder drei Gruppen.
- Alle Schüler einer Gruppe sitzen hintereinander, jeder Schüler bekommt eine Nummer.

Bitte achten Sie darauf, dass alle Schüler mit der gleichen Nummer im gleichen Abstand zum Tisch sitzen.

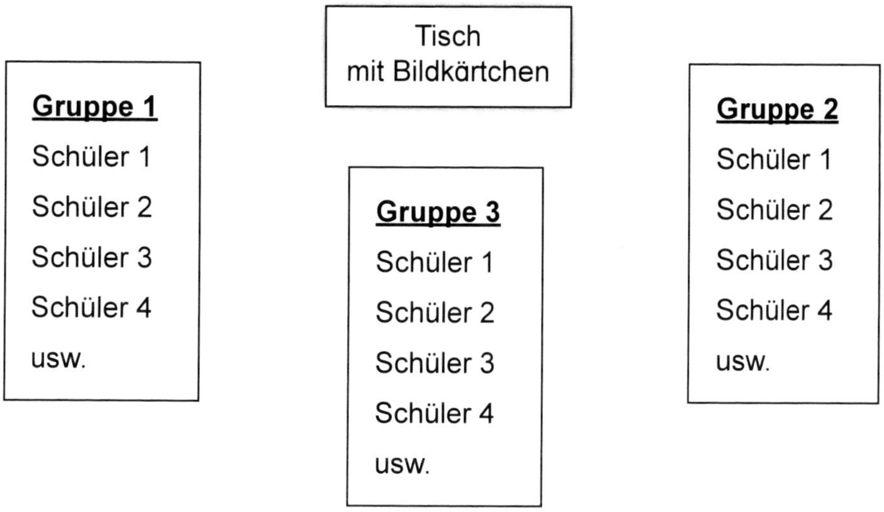

Tisch
mit Bildkärtchen

Gruppe 1	**Gruppe 3**	**Gruppe 2**
Schüler 1	Schüler 1	Schüler 1
Schüler 2	Schüler 2	Schüler 2
Schüler 3	Schüler 3	Schüler 3
Schüler 4	Schüler 4	Schüler 4
usw.	usw.	usw.

- Lesen Sie die Überschrift einer Textkarte vor oder nennen Sie ein Stichwort, das mit dem jeweiligen Text zu tun hat.
- Alle Schüler bleiben zunächst auf ihren Plätzen und hören sich die Frage an.
- Dann nennen Sie eine Nummer, zum Beispiel 3.
- Nun dürfen alle Schüler mit der Nr. 3 zum Tisch laufen und die passende Bildkarte nehmen.
- Der Punkt für die richtige Bildkarte geht an die jeweilige Gruppe. Anschließend wird die Bildkarte wieder auf den Tisch gelegt.
- Sieger ist die Gruppe, die am Ende die meisten Punkte hat.

Alternative: Ein Schüler übernimmt die Spielleitung.

KOHL VERLAG DER APOSTEL PAULUS Vom Christenverfolger zum Missionar – Bestell-Nr. 13 066

4 Hier lebte Paulus 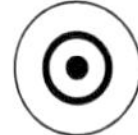

Die **Landkarte** kann im weiteren Verlauf immer wieder genutzt werden, um die verschiedenen Orte zu suchen, an denen Paulus sich aufgehalten hat.

5 Saulus und die ersten Christen

Die Schüler lesen den Text mit verteilten Rollen.

Anschließend schreiben sie ihre Antworten in das leere Textfeld und vergleichen diese mit dem Text auf der Lösungskarte. Die Lernenden können nun ihren eigenen Text auf die Rückseite des passenden Bildes kleben oder die Lösungskarte dazu verwenden.

Das freie Textfeld kann kopiert und im weiteren Verlauf wiederverwendet werden.

Tipp: Dieser und die anderen Rollentexte können für einen Schul- oder Familiengottesdienst zu Paulus genutzt werden.

Lösungskarte zu 5.

Saulus und die ersten Christen

Nach dem Tod und der Auferstehung Jesu kam an Pfingsten der Heilige Geist über die Jünger. Von da an erzählten sie die frohe Botschaft von Jesus weiter. Immer mehr Menschen glaubten an Jesus Christus, den Sohn Gottes und an seine Auferstehung. Von nun an wollten sie ganz zu Jesus gehören und ließen sich taufen. So wurden immer mehr Menschen Christen.

Saulus aber war ein strenggläubiger Jude, ein Pharisäer. Er glaubte nicht daran, dass Jesus Gottes Sohn war. Saulus und seine Freunde waren davon überzeugt, dass die Anhänger Jesu gegen das Gesetz verstoßen. Für Saulus war Jesus weder Gottes Sohn noch der Messias. Der Tod am Kreuz war eine Schande. Niemals würde der Sohn Gottes sich kreuzigen lassen. Saulus war sich sicher: Wenn der Messias kommen wird, wird er in Herrlichkeit erscheinen und sein Reich aufrichten. Deshalb hielt Paulus den Glauben der Christen für Gotteslästerung. Er fürchtete sich vor der Strafe Gottes und dachte, dass Gott alle Menschen hart bestraft, die seine Gebote nicht erfüllen. Um Gottes Gesetz zu erfüllen, wollte er die Ausbreitung des Christentums verhindern.

6 Stephanus und Saulus

Die Lernenden lesen den Text mit verteilten Rollen und fassen den Inhalt mithilfe der Fragen auf der Textkarte zusammen.

Anschließend vergleichen die Schüler ihre Ergebnisse mit der Lösungskarte.

Hinweis: Erläuterungen des Begriffes Apostel finden Sie unter Material Nr. 15 auf der Infokarte.

Lösungskarte zu 6.

Stephanus und Saulus

Stephanus gehörte zu den ersten Christen in Jerusalem. Er war Diakon und kümmerte sich um arme Menschen, die Hilfe brauchten. Außerdem erzählte er von Gottes Liebe und von Jesus Christus, dem Auferstandenen.

Für Saulus war alles, was die Christen verbreiteten, Lüge. Er war überzeugt davon, dass Jesus nicht der Messias sein konnte. Der Tod am Kreuz galt damals als Schande. Schon die Idee, dass der Sohn Gottes am Kreuz gestorben sein könnte, galt als Gotteslästerung. Aus seiner Sicht konnte Jesus gar nicht der heiß ersehnte Messias sein. Er erwartete, das Erscheinen des Messias in Herrlichkeit. Der Messias würde in Herrlichkeit kommen, um sein Reich aufzurichten.

Saulus wollte Stephanus zum Schweigen bringen und verhindern, dass das Christentum sich weiter ausbreitet. Stephanus aber hörte nicht auf, von Jesus zu reden. Saulus und die anderen Männer wurden so wütend, dass sie Stephanus steinigten. Sie beschlossen, die Gemeinde der Christen zu zerstören. Sie gingen von Haus zu Haus und schleppten Männer und Frauen ins Gefängnis. Viele Christen flohen und verteilten sich über das Land. Die Apostel aber blieben in Jerusalem.

KOHL VERLAG DER APOSTEL PAULUS Vom Christenverfolger zum Missionar – Bestell-Nr. 13 066

7 Saulus auf dem Weg nach Damaskus

Die Lernenden lesen den Text mit verteilten Rollen und beantworten die Fragen.

Anschließend vergleichen die Schüler ihre Ergebnisse mit der Lösungskarte.

Die Schüler entscheiden, ob sie ihre selbst formulierte Textkarte auf die Rückseite des passenden Bildes kleben oder ob sie dazu den Lösungstext verwenden.

Lösungskarte zu 7.

Saulus auf dem Weg nach Damaskus

Saulus hatte gehört, dass es auch in Damaskus Anhänger von Jesus gab. Er glaubte nicht, dass Jesus Gottes Sohn ist. Er hielt den Glauben an die Auferstehung Jesu für eine Irrlehre. Saulus wollte verhindern, dass diese Irrlehre sich noch mehr ausbreitete. Deshalb holte er sich eine Vollmacht vom Hohenpriester und brach mit seinen Anhängern nach Damaskus auf. Sie wollten die ersten Christen in Damaskus verhaften und die neue Lehre ausrotten. Auf der Straße nach Damaskus sprach Jesus selbst zu Saulus. Saulus stürzte zu Boden, wurde geblendet und erblindete. Jesus erteilte ihm den Auftrag, in die Stadt Damaskus zu gehen und dort abzuwarten, was weiter geschieht. Dieses Erlebnis veränderte das Leben von Saulus grundlegend. Später schrieb er viele Briefe, in denen er diese Begegnung mit Jesus erwähnte. In der Apostelgeschichte wird drei Mal über dieses Ereignis berichtet.

8 Die ersten Christen in Damaskus

Die Lernenden lesen den Text mit verteilten Rollen und beantworten die Fragen. Anschließend vergleichen die Schüler ihre Ergebnisse mit der Lösungskarte. Ergänzend können die angegebenen Bibelstellen nachgeschlagen werden.

In Apostelgeschichte 2 beschreibt Lukas die Grundlagen des Zusammenlebens der ersten Gemeinden, die sicher auch die Christen in Damaskus übernommen haben. Diese Grundlagen gelten auch heute noch für die Christen.

Zusammenfassend können die Schüler sich hierzu die 5 Bs – einprägen: ✶

Bibel = Gottes Wort = Lehre der Apostel (Apg. 2,42)

Bruderschaft = Gemeinschaft (Apg 2, 42)

Brotbrechen = Abendmahl (Apg 2,42)

Beten = Gebet (Apg 2, 42)

Buße tun = (Apg 2,38) Wer an Jesus glaubt und ihn um Vergebung bittet, dem verspricht er das ewige Leben. (Joh 3,16) In der Taufe manifestiert sich der Bund, den Gott mit den Menschen schließen möchte. (Apg 2,38)

8 Die ersten Christen in Damaskus

Anmerkung: Der Name „Christen“ wurde nach Lukas für die Nachfolger des Auferstandenen erst verwendet, während Saulus mit Barnabas in Antiochia war. (Apg 11,26) Bis dahin verwendet Lukas die Bezeichnungen „Menge der Gläubigen“ (Apg 4,32), „Jünger“ (Apg 6,1; Apg 9, 1), „Anhänger des Weges“ (Apg 9,2). Der Einfachheit halber verwenden wir die Bezeichnung „Christen“ bereits für die Beschreibung der Zeit vor den Ereignissen in Antiochia.

Lösungskarte zu 8.

Die ersten Christen in Damaskus

Die Christen in Damaskus trafen sich regelmäßig. Die Gemeinschaft stärkte ihren Glauben.
Sie unterhielten sich über Gott, feierten miteinander Abendmahl, lobten Gott, lasen in der Heiligen Schrift, beteten und sangen miteinander.

Sie wussten von der Christenverfolgung in Jerusalem. Sie wussten auch, dass Saulus einer der schlimmsten Christenverfolger war und schon viele Menschen ins Gefängnis gebracht hatte.

KOHL VERLAG DER APOSTEL PAULUS Vom Christenverfolger zum Missionar – Bestell-Nr. 13 056

9 Hananias und Saulus

Die Lernenden lesen den Text mit verteilten Rollen und beantworten die Fragen. Anschließend vergleichen die Schüler ihre Ergebnisse mit der Lösungskarte. Ergänzend kann Apg 9,9-18 gelesen werden.

Lösungskarte zu 9.

Hananias und Saulus

Hananias bekam von Jesus den Auftrag, zu Saulus zu gehen. Zunächst konnte Hananias das nicht verstehen. Er wusste, dass Saulus einer der schlimmsten Verfolger der Christen war.

Wieso schickte Jesus ihn gerade zu diesem Mann? Jesus machte ihm deutlich, dass Saulus sich geändert hatte. Hananias sollte Saulus die Hände auflegen und ihn segnen. Also folgte Hananias der Anweisung des Auferstandenen. Er fand Saulus, den die Begegnung mit Jesus zutiefst erschüttert hatte. Saulus bereute alles, was er den Christen angetan hatte. Von nun an wollte er selbst zu Jesus Christus und seinen Anhängern gehören. Er wollte dem Auferstandenen mit ganzer Kraft dienen und ließ sich taufen.

Um die Veränderung deutlich zu machen, die mit Saulus geschehen ist, wird er in Beschreibungen seines Lebens nach seiner Umkehr meist Paulus genannt. Das war sein römischer Name.

10 Paulus in Damaskus

Die Lernenden lesen den Text mit verteilten Rollen und beantworten die Fragen. Anschließend vergleichen die Schüler ihre Ergebnisse mit der Lösungskarte. Ergänzend können die Schüler Apg 9, 18-22 lesen.

Lösungskarte zu 10.

Paulus in Damaskus

Paulus ließ sich taufen und ging zu den Christen in Damaskus. Sobald er wieder neue Kraft hatte, ging er in die Synagoge. Er begann sofort, von Jesus Christus, dem auferstandenen Sohn Gottes zu predigen.

Seine ehemaligen Gefährten, die Pharisäer und Schriftgelehrten, konnten zunächst gar nicht begreifen, was mit Saulus geschehen war. Wütend wandten sie sich gegen ihn.

KOHL VERLAG DER APOSTEL PAULUS Vom Christenverfolger zum Missionar – Bestell-Nr. 13 056

12 Paulus verfolgt sein neues Ziel

1. Mit aller Kraft setzte Paulus sich für sein neues Ziel ein. Überall, wo er hinkam, erzählte er von Jesus Christus.	
2. Paulus erzählte an vielen Orten von Jesus, zum Beispiel in Damaskus, in Jerusalem und in Antiochia.	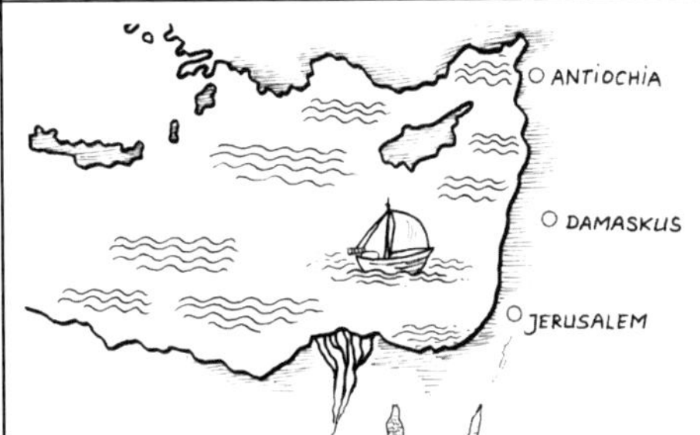
3. In Jerusalem traf Paulus die Apostel Petrus und Jakobus und lernte Barnabas kennen. Barnabas begleitet ihn später auf einigen Reisen.	
4. Das große Ziel des Paulus war: Alle Völker sollen Jesus Christus kennenlernen. Deshalb unternahm er viele Reisen. Damals gab es noch nicht so viele Verkehrsmittel. Paulus war oft zu Fuß unterwegs.	
5. Alle Völker sollten von der Auferstehung Jesu erfahren. Doch so weit konnte Paulus nicht zu Fuß gehen. Deshalb reiste er mit dem Schiff über das Meer.	
6. Paulus hatte auf seinen Reisen verschiedene Begleiter, zum Beispiel Barnabas, Silas und Timotheus	

12 Paulus verfolgt sein neues Ziel

7. Auf seinen Reisen gründete Paulus viele neue Gemeinden. An einige von ihnen schrieb er später Briefe.	
8. Viele Menschen hörten Paulus zu, kamen zum Glauben an Jesus Christus und ließen sich taufen. So breitete sich die gute Nachricht von der Auferstehung Jesu aus.	

Antworten:
In Jerusalem traf Paulus die Apostel Petrus und Jakobus und lernte Barnabas kennen.
Paulus reiste zu Fuß und mit dem Schiff.

13 Paulus in Philippi – Die erste Gemeinde in Europa

Die ersten Christen in Europa

Nach seiner Umkehr reiste Paulus viel umher. Er wollte nun allen Menschen die frohe Botschaft von Jesus Christus weitersagen.

Mit Silas reiste Paulus auch nach Europa.

In Philippi trafen sie die Purpurhändlerin Lydia. Sie wurde die erste Christin in Europa und stellte Paulus und Silas ihr Haus zur Verfügung.

DER APOSTEL PAULUS
Vom Christenverfolger zum Missionar – Bestell-Nr. 13 066

14 Paulus schreibt über seine Erlebnisse

1.
Auf seinen Reisen von Ort zu Ort geriet Paulus in Gefahr durch Räuber.

2.
Oft hungerte er, hatte nichts zu trinken und keine warme Kleidung.

3.
Paulus wurde öfter geschlagen.

4.
Einmal wurde Paulus gesteinigt. Seine Gegner schleiften ihn aus der Stadt und dachten, er wäre gestorben.

5.
Dreimal erlitt Paulus Schiffbruch. Oft schwebte er in Lebensgefahr.

6.
Paulus war mehrmals im Gefängnis.

14 Paulus schreibt über seine Erlebnisse

7. Selbst im Gefängnis lobte er Gott. Er betete für viele Menschen und die neu entstandenen Gemeinden. Und er schrieb Briefe. Einige finden wir in der Bibel.	
8. Schließlich wurde Paulus nach Rom überführt. Zwei Jahre lebte er in Gefangenschaft. Vermutlich wurde Paulus um das Jahr 60 unter Kaiser Nero in Rom hingerichtet.	

15 Mögliche Abschlussrunde

1. Spielerische Wiederholung. Vorschläge dazu finden Sie unter Punkt 2 unter der Überschrift: Didaktische Hinweise, Erläuterungen und Lösungen
2. Die Lernenden nehmen noch einmal ihre Ergebnisse des Rätsels (Material Nr. 1) zur Hand und erläutern, an welche Begebenheiten aus dem Leben des Paulus jedes einzelne Wort erinnert. Diese Aufgabe kann ausgeweitet werden, indem die Schüler jedem Wort mehrere Bildkarten zuordnen.

17 Anhang - ein Paulus-Leporello

Vorlage für ein kleines Leporello über Paulus:

PAULUS			Teil 2 ankleben
			Teil 3 ankleben
			Teil 4 ankleben
			Teil 5 ankleben
			Teil 6 ankleben
Ende			

KOHL VERLAG DER APOSTEL PAULUS